Inhalt

Fusionen und Übernahmen - gefragt ist Fingerspitzengefühl

Kernthesen

Beitrag

Fallbeispiele

Weiterführende Literatur

Impressum

Fusionen und Übernahmen - gefragt ist Fingerspitzengefühl

Robert Reuter

Kernthesen

- Nicht jede Fusion erfüllt die Hoffnung auf Synergieeffekte und größere Marktdurchdringung. Oft enden Fusionen im Zerwürfnis, auch weil es nie gelang, eine gemeinsame Unternehmenskultur zu entwickeln.
- Experten empfehlen, bei der Zusammenführung der Unternehmen auf Überparteilichkeit zu achten und den kleineren Partner nicht als Verlierer zu behandeln.
- Die Übernahme des Arzneimittelherstellers Ratiopharm durch den Teva-Konzern zeigt,

wie ein erfolgreicher Zusammenschluss aussehen kann.

Beitrag

Fusionen - nach der Party kommt der Kater

Fusionen und Übernahmen konkurrierender Unternehmen sind ein Kennzeichen der globalisierten Wirtschaft. Besonders spektakulär fielen vor Jahren die Einkaufstouren der deutschen Automobilhersteller aus. Daimler-Benz übernahm Chrysler (was als eine Hochzeit auf Augenhöhe verkauft wurde), BMW kaufte Rover und Rolls-Royce, Volkswagen übernahm Seat, Skoda, Bentley und noch einige andere. Im Kreditsektor war die Übernahme der Dresdner Bank durch den Versicherungskonzern Allianz eine große Nummer. Lange währte der Zusammenschluss jedoch nicht - heute gehört die Dresdner Bank der Commerzbank. Weitere Beispiele aus dem Kreditsektor sind der Kauf der Postbank durch die Deutsche Bank und die vielzähligen Zusammenschlüsse im Sparkassensektor. Von den früher über 700 Sparkassen sind noch gut 400 übriggeblieben.

Fusionen und Übernahmen werden von den Führungsriegen fast rituell als strategische Erfolge präsentiert. Mit dem Zusammengehen erschlössen sich den Firmen neue Märkte und die Möglichkeit, durch Synergieeffekte Kosten zu sparen. Tatsächlich aber gehen Übernahmen oft schief, weil es den Firmen nicht gelingt, aus zwei eins zu machen und zu einer gemeinsamen Unternehmenskultur zu finden. So endete der Kauf Rovers durch BMW genauso in der Trennung wie die Fusion der Allianz mit der Dresdner Bank. Als regelrechtes Debakel erwies sich die als "Hochzeit im Himmel" gefeierte Übernahme Chryslers durch Daimler-Benz. Der US-Automobilkonzern wurde darum an Fiat weiterverkauft. (1)

Späte Informationen schüren Ängste

Die hohe Zahl fehlgeschlagener Fusionen zeigt, dass die Unternehmensführer die Tücken des Integrationsprozesses häufig unterschätzen. Als ein schleichendes Gift für die Partnerschaft erweist sich beispielsweise die von den meisten Führungskräften geübte Praxis, die Mitarbeiter in den Fusionsprozess nicht mitzunehmen und sie erst spät und dann auch noch lückenhaft über den Stand der Dinge zu informieren. Viele Manager glauben das Richtige zu tun, wenn sie die Belegschaft erst informieren, wenn die Fusion in trockenen Tüchern ist. Dies ist verständlich, da befürchtet wird, dass immer wieder wechselnde Wasserstandsmeldungen die Mitarbeiter nur verunsichern würden. Zudem betritt die Führungsriege mit der Allianz oft selbst Neuland. Die Angst davor, falsch oder unvollständig zu informieren, führt jedoch oft dazu, dass die betroffene Belegschaft fast keine offiziellen Informationen erhält. Dieses Informationsdefizit nährt Gerüchte und Spekulationen, die wiederum Ängste schüren. So wird bei den Mitarbeitern eine negative Einstellung gegenüber der Fusion erzeugt, die oft nicht mehr revidierbar ist und die sich in der Zukunft als Hürde für eine gemeinsame Unternehmenskultur erweist. (1)

Gleichberechtigung statt Dominanz

Wenn zwei Unternehmen fusionieren, entbrennt erfahrungsgemäß ein Kampf um das neue Unternehmensleitbild, um Werte und Grundsätze. Auch wenn der Zusammenschluss als "Hochzeit unter Gleichen" gefeiert wird, ist es meist die übernehmende Firma, die ihren Stempel aufdrückt und das übernommene Unternehmen dominiert. Auch das verstärkt die Abwehrhaltung von Mitarbeitern, was zu unnötigen Widerständen führt.

Experten empfehlen darum, bei einer Fusion eine Analyse der Unternehmenswerte vorzunehmen und sie dann als das Beste aus zwei Welten zusammenzuführen. Die neue Unternehmenskultur sollte sich aus den Werten beider Unternehmen speisen. Das obere Management spielt dabei eine Schlüsselrolle, da es die neue Kultur vorleben muss. Erfahrungsgemäß, so die Experten, scheitern Kulturveränderungen immer dann, wenn sie ausschließlich vom mittleren Management getragen werden sollen. Unterschätzt werden dürfe auch nicht die Langwierigkeit von kulturellen Veränderungsprozessen. Diese dauerten in der Regel mindestens drei Jahre. (1), (2)

Trauer muss erlaubt sein

Führungskräfte müssen sich vor Augen halten, dass auch das übernommene Unternehmen jahrelang an einer eigenen Corporate Identity gearbeitet hat. Möglicherweise waren die Mitarbeiter mit Stolz für ihr Unternehmen tätig, haben sich mit Unternehmenszielen und -werten identifiziert und trauern daher, wenn die Firma von einem größeren Konkurrenten "geschluckt" wird. Im Privatleben ist das Abschiednehmen von Gewohnheiten oder Menschen eine akzeptierte Reaktion, nicht aber in der Berufswelt. Hier wird von den Mitarbeitern verlangt, sich sofort mit Vollgas für das neue Unternehmen zu engagieren. Genau das tritt jedoch oft nicht ein. Die Mitarbeiter arrangieren sich häufig erst einmal nicht mit der neuen Unternehmenssituation, verfallen in "Winterschlaf" und verrichten nur noch Dienst nach Vorschrift. Andere Belegschaftsmitglieder wollen in der neuen Situation besonders glänzen, was sich in einem ebenso kontraproduktiven Aktionismus äußert. Dann werden zahllose Projekte angestoßen und Initiativen gestartet, die jedoch in erster Linie dem Zweck dienen sollen, die Stellung des Angestellten in der neuen Unternehmenslandschaft zu sichern.

Experten empfehlen daher zweierlei: Zum einen muss es den Mitarbeitern erlaubt sein, die neue Situation erst einmal zu verdauen, vielleicht sogar zu trauern. Zudem brauchen Mitarbeiter Orientierung darüber, wie sie sich im fusionierten Unternehmen verhalten sollen. Diese Orientierung kann dabei helfen, sinnlosen Aktionismus zu unterbinden. (1), (2)

Keine Verlierer produzieren

Bei der Fusion sollte überdies vermieden werden, die Arbeitsorganisation des stärkeren Partners dem übernommenen Unternehmen ganzheitlich überzustülpen. Häufig setzt sich bei den nun anstehenden Entscheidungen zu IT-Systemen, Stellenbesetzungen oder Markt- und

Produktstrategien nicht das bessere Konzept durch, sondern das des Übernehmers. Damit wird der Belegschaft des kleineren Partners jedoch das Gefühl eingepflanzt, bisher alles falsch gemacht zu haben und darum nun wie ein Verlierer dazustehen. Den Führungskräften ist daher empfohlen, bei der Zusammenfügung der beiden Unternehmen auf Überparteilichkeit zu achten. Es muss dabei klar sein, dass es eine gelungene Integration nicht zum Nulltarif gibt. (1), (2)

Trends

Unternehmenskauf statt Gründung

Wer Unternehmer werden will, muss nicht unbedingt eine eigene Firma gründen, denn die Zahl der zum Verkauf stehenden Unternehmen steigt stetig an. Nach Aussage des Instituts für Mittelstandsforschung (IFM) stehen in den nächsten fünf Jahren rund 110 000 Familienbetriebe mit 1,4 Millionen Beschäftigten vor dem Problem, einen Nachfolger zu finden. Experten empfehlen die Einschaltung eines sogenannten M-&-A-Beraters (Mergers and Acquisitions). Die Berater sondieren für den Kaufinteressenten den Markt der zum Verkauf stehenden Unternehmen, knüpfen Netzwerke und begleiten das Vorhaben bis zum Abschluss. Das anvisierte Unternehmen sollte vor dem Kauf verständlicherweise genau überprüft werden. Bei der sogenannten Due-Diligence werden Stärken und Schwächen der Firma genau seziert, wofür Kaufinteressenten meist auf die Mithilfe eines Unternehmensberaters setzen. (3), (6)

Fallbeispiele

Best Practice: Die Fusion Teva-Ratiopharm als Beispiel einer gelungenen Fusion

Auch beim deutschen Pharmahersteller Ratiopharm waren die Bedenken groß, als das Unternehmen vom israelischen Wettbewerber Teva geschluckt wurde. Teva ist Weltmarktführer bei den sogenannten Generika, also billigen Kopien von Arzneien, deren Patentschutz abgelaufen ist. Das Kräfteverhältnis war bei der Übernahme damit klar definiert, was bei der Belegschaft von Ratiopharm Unruhe erzeugte. Im Ergebnis wurde die Fusion jedoch zu einem Erfolg, was daran lag, dass Teva mit der Übernahme anderer

Firmen viel Erfahrung hat. Die Israelis verzichteten beispielsweise darauf, bei Ratiopharm alles nach dem Vorbild des neuen Mutterkonzerns umzukrempeln. Stattdessen durften die Ulmer Mitarbeiter im gewohnten Stil weiterarbeiten und damit auch ihre Unternehmenskultur behalten. Statt das Führungspersonal bei Ratiopharm auszuwechseln, betrachtete Teva die Angestellten bei Ratiopharm als einen Talentpool, der die auf weltweite Standorte verstreute Belegschaft verstärken kann. So stieg der bisherige Produktionschef von Ratiopharm nach der Übernahme zum Leiter der gesamten Herstellung in den acht europäischen Werken auf. Sein System wird derzeit weltweit in allen Teva-Fabriken eingeführt. Teva präsentierte sich damit als ein Aufkäufer, der die Stärken des Kleineren erkennt und alles dafür tut, dass diese im Fusionsprozess nicht verloren gehen. (4)

Private Equity in Familienunternehmen

Der Einstieg privater Investoren bei Familienunternehmen kann zu Problemen führen. Private-Equity-Unternehmen beispielsweise wurden als "Heuschrecken" beschrieben und haben daher den Ruf, kleinere Unternehmen zum Zweck der Profitmaximierung zu filetieren. Dies ist in der Praxis jedoch häufig gar nicht der Fall, wie zwei jüngst veröffentlichte Forschungsarbeiten zu diesem Thema zeigen. Die Autoren führen Beispiele an, in denen die Hereinnahme eines privaten Investors zwar teilweise einen tiefgehenden Kulturwandel nötig machte, der für die Altgesellschafter mitunter schwer erträglich war. Doch letztlich gingen viele Unternehmen gestärkt aus der neuen Verbindung hervor. (5)

Weiterführende Literatur

(1) Der Kampf um das neue Leitbild
aus Die Bank, Heft 12/2011, S. 8-11

(2) Schlechte Kommunikation und Zögern
aus CIO - IT-Strategie für Manager, Meldung vom 18.10.2011

(3) Die frühzeitige Regelung der Nachfolge zahlt sich aus
aus MM Nr. 45 vom 07.11.2011

(4) Preußisch, mit langer Leine
aus brand eins, Heft 09/2011, S. 18-24

(5) Kulturrevolution im eigenen Haus IMPULSE Wissen Private Equity Wenn Finanzinvestoren bei Familienunternehmen einsteigen, ist plötzlich alles anders. Wer das akzeptiert, kann von Private-Equity-Partnern dennoch profitieren. Das zeigen zwei aktuelle Forschungsarbeiten

aus impulse vom 01.07.2011, Seite B56-B61

(6) Unternehmenskauf - Der Weg zur eigenen Firma
aus ProFirma, Vol. 14, Heft 11/2011, S. 50-53

Impressum

Fusionen und Übernahmen - gefragt ist Fingerspitzengefühl

Bibliografische Information der deutschen Nationalbibliothek

Die Deutsche Nationalbibliothek verzeichnet diese Publikation in der deutschen Nationalbibliografie; detaillierte bibliografische Daten sind im Internet über http://dnb.d-nb.de abrufbar.

ISBN: 978-3-7379-0252-6

© 2015 GBI-Genios Deutsche Wirtschaftsdatenbank GmbH, Freischützstraße 96, 81927 München, www.genios.de

Alle Rechte vorbehalten. Dieses Werk ist einschließlich aller seiner Teile – z.B. Texte, Tabellen und Grafiken - urheberrechtlich geschützt. Jede Verwertung außerhalb der Grenzen des Urheberrechtsgesetzes bedarf der vorherigen Zustimmung des Verlags. Dies gilt insbesondere auch für auszugsweise Nachdrucke, fotomechanische Vervielfältigungen (Fotokopie/Mikroskopie), Übersetzungen, Auswertungen durch Datenbanken oder ähnliche Einrichtungen und die Einspeicherung und Verarbeitung in elektronischen Systemen.